KB234972

행복한 인연을 꿈꾸는 ____________님께
이 책을 선물로 드립니다.

내 인생의
따뜻한 말 한마디

초판 1쇄 발행 | 2014년 3월 20일
초판 2쇄 발행 | 2014년 10월 27일

별글콘텐츠연구소 엮음
영문 편집 | 이나래
편집 | 조연혜
디자인 | 김경일
발행인 | 김은주
펴낸 곳 | 별글
주소 | 경기도 고양시 덕양구 오금로 7 신원마을 3단지 305동 1404호
전화 | 070-7655-5949   팩스 | 070-7614-3657
홈페이지 | http://blog.naver.com/starrybook
대표메일 | starrybook@naver.com
등록번호 | 128-94-22091(2014.1.9)

ISBN 979-11-952143-1-0 14030

· 잘못된 책은 바꾸어 드립니다.
· 책값은 뒤표지에 있습니다.

내
인생의
따뜻한 말 한마디

별글
별처럼 빛나는 글

I

산다는 것은 언제나 지금 이 순간을 사는 것이다.
이 순간 밖에서의 삶은 없다.
지금 이 순간의 빛과 그늘, 땅과 나무 냄새,
그 안에 함께 있는 사람들을 충만하게 끌어안아라.
지금 이 순간을 '꽉' 끌어안지 않는다면
어떤 삶도 제대로 사는 것이 아니다.

장 그르니에 _프랑스의 소설가, 철학자, 교수

2

한 걸음 한 걸음 천천히 걸어가기만 하면
목적지에 도달할 수 있다고 생각해서는 안 된다.
한 걸음 한 걸음 그 자체가 가치를 지녀야 한다.
하나의 큰 성과는 가치 있는 작은 일들이
모여 이루어진다.

알리기에리 단테 _이탈리아의 시인, 예언자

3

저 밝아 오는 아침 어딘가에 기적이 숨어 있다.
새로운 하루, 새로운 시도, 또 한 번의 출발이야말로
얼마나 큰 기쁨인가!

조지프 프리스틀리 _영국의 신학자, 철학자

4

맑은 날에도 젖은 옷을 입고 있으면
기분은 비 오는 날처럼 침침하다.
마찬가지로 사람은 마음의 옷을
갈아입지 않으면 언제나 행복할 수 없다.

모리스 마테를링크 _벨기에의 시인, 극작가, 수필가

5

지혜로운 사람이 되기 위해서는
자신을 똑바로 볼 줄 알아야 한다.
자신을 제대로 알고 있는 사람만이
다른 사람도 제대로 볼 수 있다.

존 러스킨 _영국의 미술 평론가, 사회 사상가

6

모르는 것을 두려워하지 말고
오히려 필요 없는 지식을 경계하라.
특히 자신의 이득이나 다른 사람의 칭찬을 얻기 위한
지식이라면 더욱 경계해야 한다.

톨스토이 _러시아의 소설가, 사상가

7

언젠가 삶이 우리를 모질게
만들려고 할 때 기억해야 할 격언이 있다.
'이것은 불운이다.'가 아니라
'이것을 훌륭하게 견디는 것이 행운이다.'

마르쿠스 아우렐리우스 _로마제국의 제16대 황제, 철학자

8

한 곡의 노래가 순간에 활기를 불어넣을 수 있다.
한 자루의 촛불이 어둠을 몰아낼 수 있고,
한 걸음이 모든 여행의 시작이고,
한 단어가 모든 기도의 시작이다.

틱낫한 _베트남의 승려, 명상가, 평화운동가, 시인

9

인내를 배우면 세상을 있는 그대로 보고,
소박함을 배우면 스스로를 있는 그대로 본다.
그리고 배려를 배우면 자신과 세상을 치료한다.

윌리엄 마틴 _영국의 예술 비평가

IO

이 세상에 기쁨만이 존재한다면
우리는 결코 용감해지거나
인내심을 배울 수 없을 것이다.

헬렌 켈러 _미국의 작가, 사회사업가

II

꿈을 향해 자신 있게 걸어간다면,
꿈꾸는 대로 살기 위해 노력한다면,
꿈은 기대하지 않은 순간 일상이 될 것이다.

헨리 데이비드 소로 _미국의 사상가, 문학가

12

이 세상을 움직이는 힘은 희망이다.
풍년의 희망이 없다면 농부는 씨를 뿌리지 않고,
이익이라는 희망이 없다면 상인은 장사를 하지 않는다.
좋은 희망을 품는 것은
바로 그것을 이룰 수 있는 지름길이다.

마르틴 루터 _독일의 종교개혁자, 신학자

In spite of the shortest way,
if you don't go, you cannot reach there.
In spite of the easiest thing,
if you don't do, you cannot achieve it.
_Hong Jasung

13

아무리 가까운 길이라도
가지 않으면 도달하지 못하며,
아무리 쉬운 일이라도
하지 않으면 이루지 못한다.

홍자성 _중국 명나라의 문인

14

화살이 과녁을 찾아가는 것이 아니라,
활 쏘는 이가 과녁으로 화살을 보내는 것이다.

이성계 _조선의 제1대 왕

I5

능력은 당신이 할 수 있는 것을 말하고,
동기부여는 할 일을 결정하며,
태도는 얼마나 잘할지를 결정한다.

루 홀츠 _미국의 풋볼 코치, 스포츠 캐스터

16

천재의 비밀은 아이의 정신을
노년까지 갖고 가는 것인데
이는 곧 열정을 잃지 않는 것을 의미한다.

새뮤얼 버틀러 _영국의 소설가

17

겸손하라.
세상에서 가장 나쁜 요소를
당신도 가지고 있기 때문이다.
확신을 가져라.
세상에서 가장 훌륭한 요소를
당신도 가지고 있기 때문이다.

니콜라 벨리미노빅 _세르비아의 신학자

18

인생을 살아가면서 나는
한 가지 분명한 사실을 알게 되었다.
열린 마음을 잃지 않는 것이
무엇보다 중요하다는 것이다.
열린 마음은 사람에게 가장 귀중한 재산이 된다.

마르틴 부버 _독일의 유대인 사상가, 교육가

19

정직과 성실을 그대의 벗으로 만들라.
제 아무리 친한 누구라도 그대 안의
정직과 성실만큼 그대를 돕지 못하리라.

벤자민 프랭클린 _미국의 정치가, 과학자, 저술가

20

바깥 세상에 비치는 것은
전부 내 마음의 그림자다.
보고 싶은 것이 무엇인지 내 마음을
바꾼다면 세상을 다르게 볼 수 있다.

제럴드 G. 잼폴스키 _미국의 정신의학자

2I

한 번도 해 보지 않은 일에 세 번 도전하라.
한 번은 두려움을 이겨 내기 위해,
한 번은 방법을 터득하기 위해,
마지막은 자신이 이 일을 좋아하는지 알기 위해서다.

버질 톰슨 _미국의 작곡가

22

누군가에게 깊이 사랑 받으면
힘이 생기고 누군가를 깊이 사랑하면
용기가 생긴다.

노자 _중국 고대의 철학자

23

인생의 목표를 정하기 전에
반드시 네 가지를 점검해야 한다.
자신이 정말 잘하는 것(재능),
정말 하고 싶은 것(열정),
사회가 원하는 것(수요),
옳다는 확신이 드는 것(양심)이다.

스티븐 코비 _미국의 연설가, 작가, 교수

24

나는 오늘을 오늘의 날로 선언하고 싶다.
대지와, 하늘과, 나무와 접촉하고
지금 이 순간의 평화로움과 접촉하는 날로.

틱낫한 _베트남의 승려, 명상가, 평화운동가, 시인

25

노동이 없다면 지식은 공허하고,
사랑이 없다면 노동은 허무하다.
사랑으로 일할 때 당신은 자신을 매어 둘 수 있다.

칼릴 지브란 _레바논의 철학자, 화가, 소설가, 시인

26

모든 상황이 선물이다.
내 기대를 충족시켜 주는 인물,
그렇지 못한 인물 모두가 선물이다.
이 모두가 나의 미지의 영역을 발견하고
나를 변화시킬 기회다.

게리 주커브 _미국의 영성가, 저술가

The greatest friend of truth is time,
her greatest enemy is prejudice,
and her constant companion is humility.
_Charles Caleb Colton

27

진실의 가장 큰 친구는 시간이고,
진실의 가장 큰 적은 편견이며,
진실의 영원한 반려자는 겸손이다.

찰스 칼렙 콜튼 _영국의 성직자, 작가, 수집가

28

사람들은 흔히 시간이 모든 것을
바꾸어 준다고 말하지만
실제로 자기를 변화시키는 것은
시간이 아니라 자기 자신이다.

앤디 워홀 _미국의 미술가, 영화제작자

29

45년간의 연구와 공부 뒤에 얻은
다소 당혹스러운 결론이자,
내가 사람들에게 할 수 있는 최상의 조언은
서로에게 좀 더 친절하라는 것이다.

올더스 헉슬리 _영국의 소설가, 비평가, 시인

30

무작정 출발해서는 안 된다.
먼저 목표가 무엇인지 명확하고
구체적으로 알아야 한다.
그것이 제2의 본성이 될 때까지
마음에 새기고 또 새겨라.

레스 브라운 _미국의 동기부여 연설가

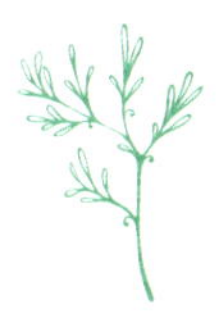

31

자기의 지성을 강화하는
유일한 수단은 편견이 없는 것,
즉 마음이 모든 사상을 위한
신작로가 되게 하는 것이다.

존 키츠 _영국의 시인

32

무슨 일이든 시작을 조심하라.
처음 한 걸음이 장차 일을 결정한다.
그리고 참아야 할 일은 처음부터 참아라.
나중에 참기란 더욱 어렵다.

레오나르도 다빈치 _이탈리아의 미술가, 과학자, 사상가

33

뭔가를 배울 수 있는 실수들은
가능하면 일찍 저질러 보는 것이 이득이다.

윈스턴 처칠 _영국의 정치가

34

재물을 스스로 만들지 않는 사람에게
쓸 권리가 없듯이
행복도 스스로 만들지 않으면
누릴 권리가 없다.

조지 버나드 쇼 _아일랜드의 극작가, 소설가, 비평가

35

과거, 현재, 미래는 실제로 하나다.
그것들은 모두 오늘이다.

호라티우스 _고대 로마의 시인, 정치가

36

커다란 나무로 성장하게 되는 씨알은
재주 있음이나 심지어 영감이 아니라 용기다.

비트겐슈타인 _영국의 철학자

37

겸손이란 비굴함이 아니라
우리 자신을 과대평가하지 않는
신중함을 말한다.

나타니엘 크루 _영국의 추기경

38

그대의 눈을 안으로 돌려 보라.
그러면 그대의 마음속에 여태껏 발견 못하던
천 개의 지역을 찾아내리라. 그곳을 답사하라.
그리고 자기 자신이라는 우주학의 전문가가 되어라.

헨리 데이비드 소로 _미국의 사상가, 문학가

39

나를 있는 그대로 사랑해 주는 사람을 만나는 것,
그것이야말로 세상을 살아가면서
받을 수 있는 가장 근사한 선물이다.

패디 S. 웰스 _미국의 심리학자, 교육자

40

생각하는 대로 살아야 한다.
그렇지 않으면
사는 대로 생각하게 될 것이다.

폴 발레리 _프랑스의 시인, 비평가

4I

소나무에 관한 것은
소나무에게 배우고
대나무에 관한 것은
대나무에게 배워라.

마쓰오 바쇼 _일본 에도시대의 하이쿠 작가

42

당신은 참나무와 같아야 한다.
당신의 가지가 넓게 죽 뻗어 나가서
어린 나무들이 그 그늘에서 자라게 해야 한다.
너무 곧바로 자라서 다음 대에 아무 그늘도 주지 않는
너도밤나무가 되어서는 안 된다.

헤럴드 맥밀란 _영국의 정치가

43

언뜻 보기에 보잘것없는 일일지라도
전력을 다해야 한다.
일은 정복할 때마다 실력이 붙는다.
작은 일을 훌륭히 해내면
큰일은 자연히 결말이 난다.

데일 카네기 _미국의 동기부여 강사, 저술가

44

행복은 언덕의 저녁노을 같다.
틀림없이 누구에게나 보이지만
대개는 다른 쪽으로 눈을 돌려 그것을 놓치고 만다.

마크 트웨인 _미국의 소설가

45

세상을 보는 방법은 두 가지가 있다.
하나는 아무것도 기적으로 보지 않는 것이고,
하나는 모든 것을 기적으로 보는 것이다.

아인슈타인 _독일의 물리학자

46

마음과 싸우지 말라.
다만 마음을 옆으로 내려놓아라.
삶은 풀어야 할
문제가 아니라 살아야 할 신비다.

오쇼 라즈니쉬 _인도의 교수, 강연가

47

어떤 일이라도 계속 망설이기보다
불완전한 대로라도 일단 시작하라.
그러면 한 걸음 앞서게 된다.

러셀 베이커 _미국의 칼럼니스트, 작가

48

가시덤불 속에 가시가 있다는 것을 알지만,
그래도 손 내밀어 꽃을 발견하려는
일을 그만두지 않는다. 인생도 이와 같다.

조르주 상드 _프랑스의 소설가

49

기억 속에 남은 기쁨은 사라지지 않는다.
그 기쁨은 샘이었다가 시내가 되고 바다가 된다.
과거에도 그랬고 지금도 그러하며
내일도 그럴 것이다.

루시 몽고메리 _캐나다의 소설가

50

우리의 운명은 겨울철 과일나무와 같다.
그 나뭇가지에 다시 푸른 잎이 나고
꽃이 필 것 같지 않아도,
우리는 그것을 꿈꾸고 그렇게 될 것을 알고 있다.

요한 볼프강 폰 괴테 _독일의 시인, 소설가, 극작가

5I

한두 마디의 상냥한 말이면 상대방의 마음을
밝게 해 주고 유쾌한 분위기를 만들 수 있는데,
그러지 않는다면 그것은 마치 초를 아끼기 위해
어둠 속에 있는 것과 같다.

토머스 제퍼슨 _미국의 정치가, 제3대 대통령

52

때론 삶이라는 거센 물결에 휩쓸려
우리가 지니고 있던
각진 모서리를 잃게 되는데,
그건 좋은 일일 수도 있다.
새로운 모습으로
거듭날 수 있다는 건 멋진 일이니까.

대니얼 고틀립 _미국의 심리학자

53

인생은 흘러가는 것이 아니라 채워지는 것이다.
우리는 하루하루를 보내는 것이 아니라
내가 가진 무엇으로 채워 가는 것이다.

존 러스킨 _영국의 미술 평론가, 사회 사상가

54

외향적인 성격은
'넓이'의 인생을 만들고
내성적인 성격은
'깊이' 의 인생을 만든다.

마티 올슨 래니 _미국의 심리치료사, 교육학자

Think about the powerful energy that is condensed into an acorn.
If you bury it in the ground, it will grow to a giant oak tree.
_George Bernard Shaw

55

한 알의 도토리 속에 응축되어 있는
강력한 에너지를 생각해 보라.
땅 속에 묻으면 그것은
거대한 떡갈나무로 폭발해 오른다.

조지 버나드 쇼 _아일랜드의 극작가, 소설가, 비평가

56

네 생애 중 가장 빛나는 날은 성공한 날이 아니라,
비탄과 절망 속에서
생과 한번 부딪쳐 보겠다는 느낌이 솟아오른 때다.

귀스타브 플로베르 _프랑스의 작가

57

평범한 사람은 시간을 단지
어떻게 보낼까 생각하지만,
지혜로운 사람은 그 시간을
이용하려고 노력한다.

쇼펜하우어 _독일의 철학자

58

내가 만약 햇빛과 따사로운 물기를
받아들이려 한다면 또한
나는 천둥과 번개를 받아들일 수 있어야 한다.

칼릴 지브란 _레바논의 철학자, 화가, 소설가, 시인

59

참된 길은 곧고 자유로워서
그 길로만 가면 넘어지지 않는다.
온갖 걱정거리로 다리가 비틀거린다면
당신은 이미 그 길에서 벗어난 것이다.

톨스토이 _러시아 소설가, 사상가

60

자신이 할 수 있는 일은 때를 놓치지 마라.
인생의 불행은 자기가 할 수 있는 일을
하지 않는 데 그 원인이 있다.

로맹 롤랑 _프랑스의 소설가, 극작가, 평론가

61

이기심과 불평이 당신의 마음을
구름으로 덮어 버리듯,
사랑은 당신의 눈을 맑고 또렷하게 해 준다.

헬렌 켈러 _미국의 작가, 사회사업가

62

꼭 해야 할 일부터 시작하라.
그 다음은 할 수 있는 일을 하라.
그러다 보면 어느 순간 자신이 불가능하다고
생각했던 일을 해내고 있음을 알게 될 것이다.

아시시의 성 프란체스코 _로마의 수도사, 프란체스코회 창립자

63

소중한 것을 깨닫는 장소는
컴퓨터 앞이 아니라
언제나 새파란 하늘 아래였다.

다치바나 다카시 _일본의 저널리스트

64

참다운 사랑은 보통 사람들의 눈에
보이지 않는 아름다움을 제일 먼저
발견해 새로운 빛을 더해 준다.

키에르케고르 _덴마크의 철학자, 종교 사상가

65

현재에 감사하고 경의를 표하라.
'지금'이 근본이 되고 중요한 구심점이 될 때
삶은 여유롭게 풀리기 시작한다.

에크하르트 톨레 _독일의 영성가, 상담가

66

격려와 칭찬이 좋은 이유는
계속 그것을 강화하여 올바른 방향으로
나아가게 하기 때문이다.

새뮤얼 버틀러 _영국의 소설가

67

우리가 원하는 것을 얻지 못한다면,
그것은 우리가 간절히 원하지 않았거나
대가를 제대로 치르려 하지 않았다는 증거이다.

러디어드 키플링 _영국의 소설가, 시인

68

행복을 찾아 나서는 모든 여정은
결국 사랑을 찾는 길이다.

존 E. 윌션 _미국의 영성가

Never don't cut trees in the winter.
Don't make a negative decision when you in the tough times.
Don't make a big decision when you are gloomy.
Wait. Endure. The storm will blow over and spring will come.
_Robert Harold Schuller

69

겨울철에는 절대 나무를 자르지 말라.
힘겨운 상황에 처했을 때 부정적인 결정을 내리지 말라.
침울할 때 중요한 결정을 내리지 말라.
기다려라. 인내하라. 폭풍은 지나갈 것이다.
그리고 봄이 올 것이다.

로버트 슐러 _미국의 텔레비전 선교사, 목사

70

타인과 함께,
타인을 통해서 협력할 때에야
비로소 위대한 것이 탄생한다.

생텍쥐페리 _프랑스의 작가, 비행사

71

길을 알기 위해서는
추측이나 기록에 의지하기보다
자신의 발로 직접 걸어 보는 것이
훨씬 도움이 된다.

윌리엄 허즐릿 _영국의 문학 평론가, 수필가

72

성공의 유일한 비결은
다른 사람의 생각을 이해하고,
자신의 처지와 상대방의 처지에서 동시에
사물을 바라볼 줄 아는 능력을 기르는 것이다.

헨리 포드 _미국의 공학 기술자

73

창조란 다른 사람이
자신의 욕구를 채 알지 못할 때
미리 그것을 감지하고 충족시켜 줄
무언가를 만들어 내는 것이다.

하워드 슐츠 _미국의 기업인, 스타벅스 회장

74

가장 중요한 것은 나의 내부에서
빛이 꺼지지 않도록 노력하는 일이다.
안에 빛이 있으면 스스로 빛나는 법이다.

알베르트 슈바이처 _독일의 신학자, 의사, 음악가

75

타인에게 배운 진리는
그저 몸에 살짝 붙어 있지만,
스스로 발견한 진리는
몸의 일부가 된다.

로랑 구넬 _프랑스의 신경언어학 프로그래밍 전문가, 코칭 전문가

76

시간이란 내가 가진 단 하나의 동전이다.
최대한 주의해서 쓰지 않으면
엉뚱한 사람들이 나 대신 써 버리게 된다.

칼 샌드버그 _미국의 시인, 역사가, 소설가

77

자신이 사랑하는 일에 믿음을 가지고
그 일을 계속 밀고 나갈 때,
비로소 그 일은 자신이 가야 할 길로
이끌어 줄 것이다.

나탈리 골드버그 _미국의 시인, 소설가

78

당신 머릿속에는 두뇌가 있고,
신발 속에는 두 발이 있다.
그러니 당신이 선택한 방향으로
힘차게 나아가도록 하라.

닥터 수스 _미국의 작가, 만화가

79

무언가 되고 싶고, 하고 싶고,
앞으로 나아가고 싶고,
삶에 더 많은 의미를 부여하고 싶은 욕망은
기적을 만드는 재료들이다.

노먼 빈센트 필 _미국의 목사, 저술가, 연설가

80

재물을 잃었다고 슬퍼하지 마라.
우리가 정말 슬퍼해야 할 때는
우리의 가장 큰 재산인 사랑하는 마음을 잃었을 때다.

에픽테토스 _고대 로마의 철학자

81

한 가지 일을 반드시 이루어야겠다고
생각한다면 내가 가진 한 가지가
깨지는 것을 마음 아파하지 말라.
나의 소중한 것과 바꾸지 않고서는
어떤 일도 이루어지지 않는다.

관중 _중국 춘추 전국시대의 재상

82

승자의 조건은 타고난 재능이나
높은 지능이 아니다.
승자의 조건은 소질이 아니라 태도이다.
태도야말로 성공의 잣대이다.

데니스 웨이틀리 _미국의 강연가, 저술가, 컨설턴트

83

사소한 반대를 두려워하지 말라.
성공의 연은 역풍을 받으면
솟아오른다는 사실을 기억하라.

나폴레온 힐 _미국의 성공학 전문가, 자기 계발 분야 작가

84

그저 감사한 생각을
하늘로 올려 보내는 것이야말로
가장 완벽한 기도다.

고트홀트 에프라임 레싱 _독일의 극작가, 비평가, 계몽사상가

85

추하든 아름답든 있는 그대로의
나를 솔직하게 인정하는 것,
이 이상 든든한 출발이 어디 있으랴.

칼릴 지브란 _레바논의 철학자, 화가, 소설가, 시인

86

진심어린 말은
사람의 내면 깊숙히 들어가
모든 병을 치유하는 음악이다.

랠프 월도 에머슨 _미국의 시인, 사상가

Happiness is like a cat. If you try to coax it or call it, it will avoid you.
It will never come. But if you pay no attention to it and go about your
business, you'll find it rubbing up against your legs and jumping into
your lap.
_William J. Bennett

87

행복은 고양이 같아서
달래거나 부르면 피하지만,
한 가지 일에 열중하다 보면
자신도 모르는 사이에 곁에 와 있다.

월리엄 J. 베넷 _미국의 정치가

You may count the seeds in one apple.
But you cannot count the apples in one seed.
_Ken Kesey

88

사과 속에 들어 있는 씨앗은 셀 수 있지만
씨앗 속에 들어 있는 사과는 셀 수 없다.

켄 키지 _미국의 배우, 소설가

89

네 믿음은 네 생각이 된다. 네 생각은 네 말이 된다.
네 말은 네 행동이 된다. 네 행동은 네 습관이 된다.
네 습관은 네 가치가 된다. 네 가치는 네 운명이 된다.

마하트마 간디 _인도의 정치 지도자

90

정직하고 용기 있게 인생을 살면
경험을 통해 성장할 수 있다.
바로 이것이 인격을 쌓는 방법이다.

엘리너 루즈벨트 _미국 제32대 대통령 프랭클린 D. 루즈벨트의 부인

91

바람의 방향을 읽어서 연을 날리면
연은 저절로 하늘을 날 듯,
마음속을 살필 줄 아는 사람만이
삶이라는 하늘을 자유롭게 날 수 있다.

가이 핀리 _미국의 철학자

92

자신에 대한 믿음이 있으면,
지도를 그렇게 꼭 움켜쥘 필요가 없다.
뭐든 너무 꼭 쥐고 있으면 힘이 들게 마련이다.

대니얼 고틀립 _미국의 심리학자

93

배움이란 일생 동안 알고 있었던 것을
어느 날 갑자기 완전히
새로운 방식으로 이해하는 것이다.

도리스 레싱 _영국의 소설가

94

삶은 부메랑이다.
우리들의 생각, 말, 행동은
언제가 될지 모르나 틀림없이 되돌아온다.
그리고 정확하게 우리 자신을 명중시킨다.

플로랑스 스코벨 쉰 _미국의 작가, 북 일러스트레이터

95

나는 당신이 실패할까 봐
두려운 것이 아니라
잘못된 길에서 성공할까 봐 두렵다.

하워드 헨드릭스 _미국의 기독교 교육 박사

96

중요한 것은 목표를 이루는 것이 아니라
그 과정에서
무엇을 배우고 얼마나 성장하느냐이다.

앤드류 매튜스 _호주의 동기부여 전문가, 작가, 만화가

97

오늘 하는 일에
전심전력하라.
그리하면 내일은 한 단계 발전할 것이다.

아이작 뉴턴 _영국의 물리학자, 천문학자, 수학자

98

매일 정신이 아득할 정도로
많은 시간을 연습에 쏟고 나면
다른 선수들에게는 없는 이상한 능력이 생긴다.
투수가 공을 던지기 전부터
그 공이 커브냐 직구냐를 알 수 있게 된다.
그리고 날아오는 공이 수박 덩어리처럼 크게 보이게 된다.

행크 아론 _미국의 야구선수

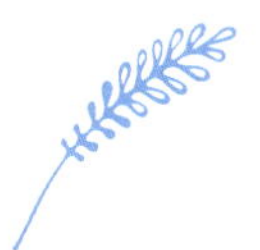

99

큰 그릇 속의 효모 하나가
밀가루를 발효시키듯
오늘 시작한 작은 행동이
내 모든 것을 변화시킬 것이다.

마리안 반 아이크 맥케인 _영국의 작가, 심리학자, 인성개발 전문가

IOO

같은 물건을 오래도록 바라보면
눈이 흐려져 결국 아무것도 보이지 않게 된다.
그와 마찬가지로 한 가지 일만 계속해서 생각하면
오히려 이해하기 어려운 경우가 있다.

쇼펜하우어 _독일의 철학자

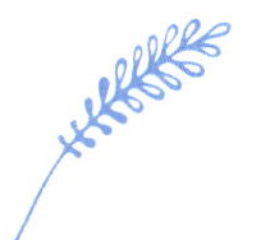

101

인간의 정신에서 가장 핵심적인 자질은
자기 자신을 신뢰하고,
다른 사람들과 신뢰를 쌓아 가는 것이다.

마하트마 간디 _인도의 정치 지도자

102

인간의 모순은 자기 자신을
올바르게 하는 것을 잊고
남을 바르게 이끌려고 하는 데 있다.

토머스 맬러리 _영국의 작가

103

위대한 발견의 씨앗은
언제나 우리 주위를 떠다니지만
받아들일 준비가 된 마음에만 뿌리를 내린다.

조셉 헨리 _미국의 물리학자

104

자존심은 자기 수양이 기본이다.
진정한 의미의 자존심은 자기 자신에게
'안 돼.' 라고 말할 수 있을 때 지켜진다.

아브라함 J. 헤셀 _폴란드 출신 미국의 신학자, 철학자

IO5

인격을 판단하는 진정한 기준은
아무도 알아 주지 않으리란 것을 알면서도
자신의 일을 얼마나 성실히 하는가이다.

존 맥스웰 _미국의 리더십 전문가, 작가

106

미련한 자는 자기의 경험을
통해서만 알려고 하고,
지혜로운 자는 남의 경험도
자기의 경험으로 여긴다.

제임스 A. 프루드 _영국의 역사가, 소설가, 전기 작가

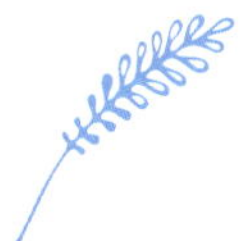

107

내가 원하는 것을 손에 넣으려는
노력을 멈추고 다른 사람들이 원하는 것을
얻을 수 있도록 도울 때 더 큰 즐거움과 기쁨,
그리고 경제적 성공도 거두게 된다.

스펜서 존슨 _미국의 강연가, 심리 상담가

108

사람답게 살 수 있는 힘은 오직 의지력에서 나온다.
물그릇이 있어야 물을 뜰 수 있다.
의지력이란 바로 그런 물그릇인 것이다.

레오나르도 다빈치 _이탈리아의 미술가, 과학자, 사상가

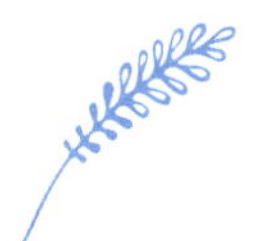

109

공포와 정면으로 대결할 때마다
힘과 용기와 자신감이 생겨난다.
그리고 '이 무서운 것을 넘어섰으니
다음에는 어떤 것이 닥치더라도
아무 문제가 없다.' 라고 말할 수 있게 된다.

엘리너 루즈벨트 _미국 제32대 대통령 프랭클린 D. 루즈벨트의 부인

IIO

나의 가치는 내가 선택한 것이다.
매일매일 내가 선택하고, 생각하고,
행동한 내용에 따라 나의 가치가 형성된다.

헤라클레이토스 _고대 그리스의 물리학자, 철학자

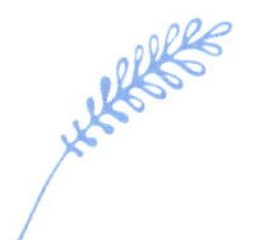

III

그대에게 유리한 기회가 없다고 하지 마라.
기회는 찾아오는 것이 아니라
이쪽에서 발견해야 한다.
모든 기회는 그것을 볼 줄 아는 사람이
나타나기까지 잠자코 있다.

로렌스 굴드 _미국의 지질학자, 교육자

112

당신이 자신에 대한
사랑을 잊었을 때
그런 당신을 사랑해 주는 것이
진정한 친구이다.

버트런드 러셀 _영국의 철학자, 논리학자

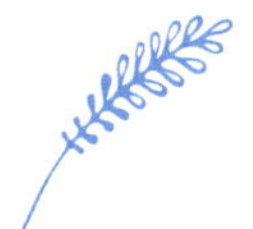

113

완벽하게 잘하는
사람은 아무도 없다.
그렇기 때문에 다음에는
모두가 더 잘 할 수 있다.

찰리 캐넌 _미국의 교수

114

때로 인생은 우리를 몹시 아프게 한다.
하지만 이것만은 기억하라.
인생이 주는 그 상처를 치료하면
우리는 더욱더 강해진다는 것을.

어니스트 헤밍웨이 _미국의 소설가

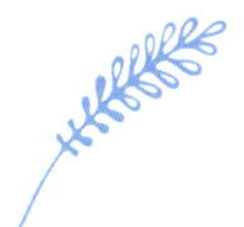

115

사실이 이미 그러하다는 것을
즐겁게 인정하라.
이미 일어난 사실을 받아들이는 것은
그로 인해 생기는 불행을
이겨 낼 수 있는 첫 발걸음이다.

윌리엄 제임스 _미국의 심리학자, 철학자

116

기회는 노크하지 않는다.
그것은 당신이
문을 밀어 넘어뜨릴 때 모습을 드러낸다.

카일 챈들러 _미국의 영화배우

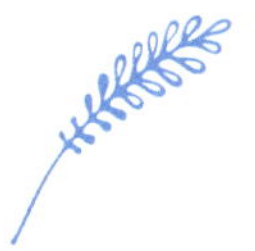

117

나는 실패를 두려워하지 않는다.
다만 내 안의 엔진을 서서히 식게 하는
이런 말이 두려울 뿐이다.
"그냥 있어. 네가 바로 정상에 있는 사람이니까."

조지 S. 패튼 _미국의 육군 장군

118

햇살을 받으며 사는 사람은
실패하지 않는다.

알베르 카뮈 _프랑스의 소설가, 극작가

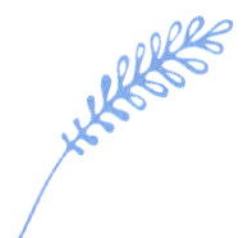

119

삶이 힘들고, 사람이 무섭고,
인생이 뒤죽박죽일 때면 이렇게 다짐하라.
"앞으로 어떻게 될지 고민하지 말고
만나는 모든 사람을 사랑하자."

톨스토이 _러시아의 소설가, 사상가

120

나는 농구 생활을 통틀어 9,000개 이상의 슛을 실패했고,

거의 300게임에서 패배했다.

그 가운데 스물여섯 번은 다 이긴 게임에서

마지막 슛 실패로 졌다.

거듭된 실패, 그것이 내가 성공할 수 있었던 이유다.

마이클 조던 _미국의 농구선수

121

한 걸음, 그리고 또 한 걸음.
이렇게 하여 긴 여정이 끝난다.
벽돌 하나, 그리고 또 벽돌 하나.
이렇게 하여 높은 벽을 세운다.

다니엘 이즈라엘 아논 _미국의 생화학자

I22

틀릴 수 있는 기회를 절대 포기하지 말라.
그러면 삶에서 새로운 것을
배워 전진할 수 있는 능력을 상실하기 때문이다.

데이비드 M. 번스 _미국의 의학박사

If you don't forget the question,
some day you will meet yourself
that are living in the answer.
_Rainer Maria Rilke

123

질문을 잊지 않으면 언젠가
그 답 안에서 살고 있는
자신을 만나게 될 것이다.

라이너 마리아 릴케 _독일의 시인, 문학가

124

만일 당신이 배를 만들고 싶다면
사람들을 불러 모아 목재를 가져오게 하고,
지시하고, 일감을 나눠 주는 등의 일을 하지 말라.
대신 그들에게 저 넓고 끝없는 바다에 대한
동경심을 키워 주어라.

생텍쥐페리 _프랑스의 작가, 비행사

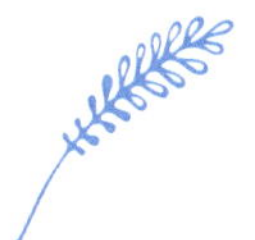

125

많은 것을 바꾸고 싶다면
많은 것을 받아들여라.

장 폴 사르트르 _프랑스의 철학자, 작가

126

좋아하는 직업을 택하면
평생 하루도 일하지 않아도 될 것이다.

공자 _중국 춘추 전국시대의 정치가, 교육자, 사상가

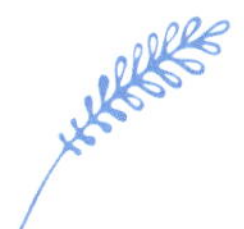

127

수많은 사람이 인생에서 성공하지 못하는 이유는
기회가 문을 두드릴 때,
뒤뜰에 나가 네 잎 클로버를 찾기 때문이다.

월터 크라이슬러 _미국의 기업가, 경영가

128

한 숟갈의 상상력은
한 트럭의 지식보다
소중하다.

아인슈타인 _독일의 물리학자

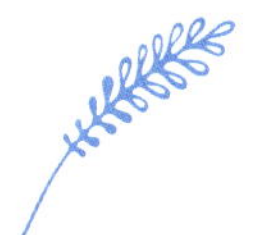

129

내게 절실한 것은
무엇을 알아야 하는가가 아니라
무엇을 해야 하는가를
뚜렷이 정립하는 일이다.

키르케고르 _덴마크의 종교 사상가, 철학자

130

사랑은 상실이며 희생이며 단념이다.
자기가 가진 전부를 주었을 때
사랑은 더욱 풍요로워진다.

카를 구츠코브 _독일의 소설가, 극작가

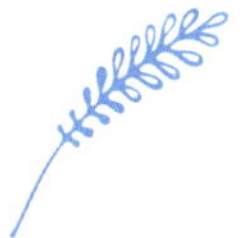

The most outstanding leaders never say 'I'.
They don't think about 'me'.
They think about 'us' and 'team'.
They think that their role is to invigorate the 'team'.
_Peter Drucker

131

가장 뛰어난 리더는 절대로
'나는' 이라고 말하지 않는다.
그들은 '나' 를 생각하지 않는다.
'우리' 를 생각하며 '팀' 을 생각한다.
그들은 자기들의 역할이
팀을 활성화하는 것이라고 생각한다.

피터 드러커 _미국의 경영학자

132

인생에서
우정을 제외하는 것은
지구에서 태양을 제외하는 것과 같다.

마르쿠스 툴리우스 키케로 _고대 로마의 정치가, 변론가, 철학자

133

창의적인 사람은
항상 어둠 속으로 두 걸음을 내딛는다.
여기서 중요한 것은 '두 걸음'을 내딛는 것이 아니라
'항상' 그렇다는 점이다.

데이브 앨런 _영국의 컨설턴트

134

청춘이란 깊은 샘물에서 오는 신선한 정신,
유약함을 물리치는 용기,
안위를 뿌리치는 모험을 말한다.

새뮤얼 울만 _미국의 사업가, 시인

135

가족들에게 더할 나위 없는
사랑을 받은 사람은
평생 성공한 것처럼 느끼며 살고,
그 자신감이 그를 성공으로 이끈다.

지그문트 프로이드 _오스트리아의 신경학자, 정신의학자

136

나는 빛을 사랑할 것이다.
빛이 나에게 길을 보여 주기 때문에.
그러나 나는 어둠도 참아 낼 것이다.
어둠이 나에게 별들을 보여 줄 테니까.

오그 만디노 _미국의 작가

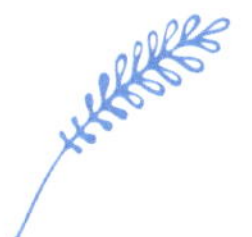

137

실패를 두려워하기보다는
진지하지 못한 것을 두려워하라.
진지하다면 설혹 실패했어도
재기할 수 있는 마음이 생긴다.

마쓰시타 고노스케 _일본의 기업인

138

세상에서 가장 선하고
아름다운 것은 볼 수도 만질 수도 없다.
하지만 가슴으로 느낄 수는 있다.

헬렌 켈러 _미국의 작가, 사회사업가

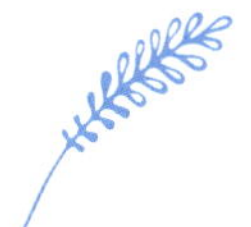

139

현명한 친구는 보물처럼 다루어라.
인생에서 만나는 많은 사람의 호의보다
한 사람의 친구로부터
받는 이해심이 더욱 유익하다.

발타자르 그라시안 _스페인의 철학자, 작가

140

강인하고 긍정적인 태도는
그 어떤 특효약보다
더 많은 기적을 만들어 낸다.

패트리샤 닐 _미국의 영화배우

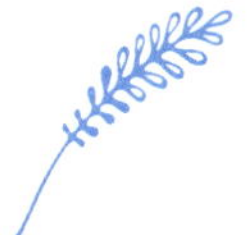

141

신이 우리에게 절망을 보내는 것은
우리들 속에 새로운 생명을
불러일으키기 위함이다.

헤르만 헤세 _독일의 소설가, 시인

I42

기회가 있을 때마다
우리는 사랑을 선택할 수 있다.
미소, 악수, 격려의 말, 친절한 인사, 도움의 손길…….
이 모든 것이 사랑을 향해 내딛는 작은 발걸음이다.

헨리 나우웬 _네덜란드 출신 미국의 로마 가톨릭 신부, 작가

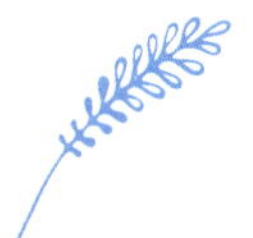

143

음악은 플루트의 빈 구멍에서 이루어지고
글자는 종이 여백으로 완성된다.
빛은 창이라는 벽의 구멍으로 들고,
신성함은 우리 자신을 비웠을 때 깃든다.

고대 격언

144

반딧불이는 폭풍에도 빛을 잃지 않는다.
빛이 자기 안에 있기 때문이다.

스와미 웨다 바라티 _인도의 영성가

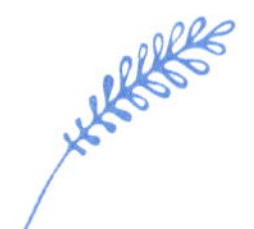

145

고통받는 자들에게 충고하려
들지 않도록 주의하자.
다만 애정과 걱정 어린 몸짓으로
우리가 곁에 있다는 걸 느끼게 해 주자.

아베 피에르 _프랑스의 가톨릭 성직자

146

행복이 오는 길은 여러 갈래다.
표정 또한 다양하다.
네모라는 행복을 꿈꾸던 당신에게 지금 곁에
다가온 동그란 행복의 미소가 보일 리 없다.
세상살이에 힘을 내고 싶다면
발밑에 떨어진 행복부터 주워 담아라.

틱낫한 _베트남 출신의 승려, 명상가, 평화운동가, 시인

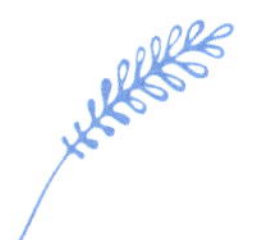

147

행복은 수만 수천의 꽃들 사이를
통과하지만, 그 꽃을 하나도
손상시키지 않는 햇볕 같은 것이다.

제인 포터 _미국의 소설가

148

행복해지는 일이 인생의 목적이라면
하루 몇 번 웃느냐가 인생의 중요한 척도다.

스티브 워즈니악 _미국의 컴퓨터 엔지니어, 기업가

I49

귀 기울여 듣는 것은 문을 열어 보는 것이다.
다른 사람들, 우리 자신,
그리고 삶과 관계를 맺는 것이다.

마이클 J. 로즈 _미국의 작가

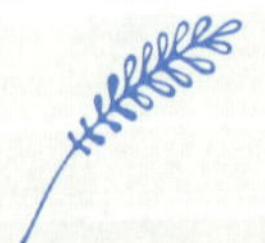

150

어떻게 해야 좋을지 모를 때는
자신에게 손해가 되는 쪽을 선택하는 게 낫다.
사람은 이익 앞에서 눈이 어두워지는 법이다.

미우라 아야코 _일본의 작가

151

영혼이 충만하게 되면
삶의 문제들로부터 자유로워지는 것이 아니라
일상에 깊이와 가치를 더하게 된다.

토마스 모어 _영국의 정치가, 인문주의자

152

발을 내딛기 전에 결코 땅을 살피고자
아래를 내려다보지 말라.
먼 지평선을 바라보는 사람만이
자신이 가야 할 길을 정확히 찾을 수 있다.

게오르크 헤르메스 _독일의 로마 가톨릭 신학자

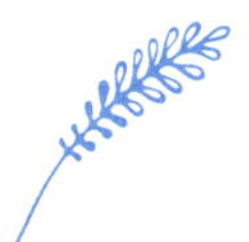

153

"나는 최선을 다했다."
이 삶의 철학 하나면 충분하다.

린위탕 _중국의 소설가

154

나무에 가위질하는 것은 나무를 사랑하기 때문이다.
부모에게 야단맞지 않고 자란 아이는
좋은 사람이 될 수 없다.
겨울 추위가 심할수록
다가오는 봄의 나뭇잎은 한층 푸르다.
사람도 역경에 단련되지 않고는 큰 인물이 될 수 없다.

벤저민 프랭클린 _미국의 초대 정치인, 과학자

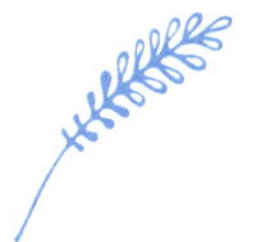

Life is action not age,
thinking not breath and feeling not existence.
_Phillip Bailey

155

인생은 나이가 아니라 행동이고,
호흡이 아니라 생각이며,
존재가 아니라 느낌이다.

필립 베일리 _미국의 음악가

156

동기가 순수하지 않으면 무엇을 한다 해도
만족스러운 결과를 얻을 수 없다.
우리가 먼저 해야 할 일은
순수한 동기를 일으키는 것이다.

달라이 라마 _티베트의 지도자

It is important that you reach after happiness;
however it is more important that you
become a person who qualifies yourself for enjoying the happiness.
_Immanuel Kant

I57

행복을 추구하는 것도 중요하지만
행복을 누릴 자격을
갖춘 사람이 되는 것이 더 중요하다.

임마누엘 칸트 _독일의 철학자

158

인생의 재미란 바로 그런 것이다.
만약 최상의 것을 구하지 않고 적당히 안주하면,
삶은 우리에게 꼭 그만큼만 준다.

서머셋 몸 _영국의 작가, 극작가

I59

성격이 모두 나와 같아지기를 바라지 말라.
매끈한 돌이나 거친 돌이나
제각기 쓸모가 있는 법이다.

안창호 _우리나라 독립운동가, 교육자, 정치가

160

자기가 아주 조금 알고 있다는 걸
깨닫기 위하여 많은 것을 알 필요가 있다.

미셸 드 몽테뉴 _프랑스의 철학자, 사상가, 수필가

161

세상에서 가장 어려운 일은
세상을 바꾸는 것이 아니라
당신 자신을 바꾸는 것이다.

넬슨 만델라 _남아프리카공화국의 정치가, 흑인인권운동가

162

누군가를
진실로 사랑한다면
반드시
당신의 마음이 깨질 수밖에 없다.

C.S 루이스 _영국의 작가, 영문학자

163

사랑은 지구 깊은 곳까지
뿌리를 내리고 하늘 높은 곳까지
가지를 뻗는 나무가 되어야 한다.

게오르그 헤겔 _독일의 철학자

164

자신의 지혜에 대해 지나치게
확신하는 것은 현명하지 않다.
가장 강한 것도 약해질 수 있고,
가장 지혜로운 것도 틀릴 수 있음을
기억하라.

마하트마 간디 _인도의 정치 지도자

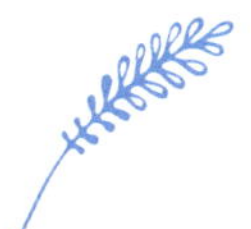

165

희망으로 가득 찬 사람과 교류하라.
창조적이고 낙관적인 사람과 소통하라.
긍정적이고 능동적으로 행동하라.
그리고 그런 사람을 자신의 주변에 배치하라.

노먼 빈센트 필 _미국의 목사, 저술가, 연설가

166

미소는 입 모양을 구부리는 것에
불과하지만 수많은 것을
바로 펴 주는 힘이 있다.

로버트 이안 시모어 _영국의 사업가, 자기계발 트레이너

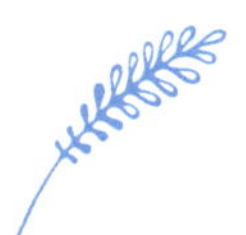

167

노력을 중단하는 것만큼 위험한 것은 없다.
그것은 습관을 잃는 것이다.
좋은 습관을 버리기는 쉽지만
다시 길들이기는 어렵다.

빅토르 마리 위고 _프랑스의 시인, 소설가, 극작가

168

급변하는 시대에는 끊임없이
학습하는 사람이 미래를 물려받는다.
학습하지 않는 사람은 존재하지도 않는
과거의 세계 속에서 살 수밖에 없다.

에릭 호퍼 _미국의 사회철학자

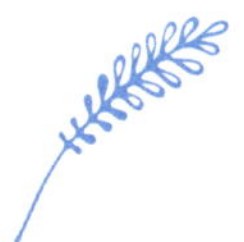

169

어느 상황, 어느 순간이나
무한한 가치를 지니고 있다.
그 상황 속에는 영원함이
담겨 있기 때문이다.

요한 볼프강 폰 괴테 _독일의 시인, 소설가, 극작가

170

나누어 줄 줄 알아야 높아진다네.
물을 나누어 주는 구름은 드높고,
물을 저 혼자 간직하는 바다는 낮은 것처럼.

인도 잠언

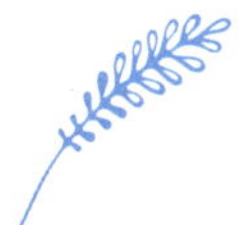

171

행복의 비밀은
자신이 좋아하는 일을 하는 것이 아니라
자신이 하는 일을 좋아하는 것이다.

앤드류 매튜스 _호주의 동기부여 전문가, 작가

172

괴로운 일에 부딪쳤을 때 우선 감사할
가치가 있는 것을 찾아서 그것에 충분히 감사하라.
그러면 마음에 평온함이 찾아오고
기분이 가라앉으며 어려운 일도 견디기 쉽다.

쇼펜하우어 _독일의 철학자

173

당신이 용서하지 않는 한,
그것이 누구든 무엇이든 간에
당신의 마음속에 임대료도 내지 않은 채
공간을 차지하게 될 것이다.

이사벨 홀랜드 _네덜란드의 동화작가, 소설가

174

우리를 행복하게 만들어 주는
사람에게 고마워하자.
그들은 우리의 영혼에
꽃을 피워 주는 고마운 정원사다.

마르셀 프루스트 _프랑스의 소설가

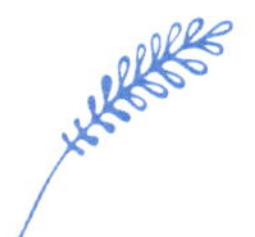

175

그대의 꿈이 한 번도 실현되지 않았다고 해서
가엾게 생각해서는 안 된다.
정말 가여운 것은 꿈을 꿔 보지 않은 것이다.

에셴 바흐 _독일의 시인

176

캄캄한 세계 속에 살고 있다고
생각해 본 적이 없다.
그것은 내 마음속에 언제나
태양이 떠 있기 때문이다.

헬렌 켈러 _미국의 작가, 사회사업가

177

아주 작은 구멍을 통해서도
햇빛이 보이듯이
사소한 일이 사람의 인격을
설명해 줄 것이다.

새뮤얼 스마일스 _영국의 의사, 정치개혁가, 작가

178

효율성 향상을
전략이라고 착각하지 말라.
전략은 '열심히'가 아니라
'다르게' 하는 데 있다.

마이클 유진 포터 _미국의 교수

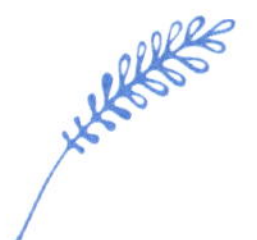

179

사랑은 사람을 치료한다.
사랑을 받은 사람,
사랑을 주는 사람 할 것 없이.

칼 메닝거 _미국의 정신분석의

180

세상 경험이 부족한 이들이
가장 쉽게 저지르는 실수 중 하나는
하나를 아는데도 셋을 안다고 착각하는 것이다.

장 드 라 퐁 _프랑스의 시인, 우화작가

181

속마음이 어떻든 간에
항상 승자처럼 보이도록 노력하라.
비록 남보다 뒤쳐지더라도 계속 자신 있고
당당한 모습을 잃지 않으면
승리를 가져다 줄 정신적인 힘이 생길 것이다.

아서 애시 _미국의 프로 테니스 선수

182

진정한 열정은 아름다운 꽃과 같다.
꽃이 피어난 곳이 척박한 땅일수록 꽃은
더욱 빛을 발하고 소중하다.

오노레 드 발자크 _프랑스의 소설가

183

어느 누구도 과거로 돌아가서
새롭게 시작할 순 없지만 지금부터 시작하여
새로운 결말을 맺을 순 있다.

칼 바르트 _스위스의 신학자

184

혼자 있을 때 난 내 자신으로 되돌아간다.
성공은 공공연하게 만들어지지만
재능은 이런 시간에 태어난다.

마릴린 먼로 _미국의 배우 겸 모델, 가수

185

지구상의 모든 음악 중
하늘 저 멀리까지 울려 퍼지는 음악은
진심으로 사랑하는 마음의 고동 소리다.

헨리 워드 비처 _미국의 목사, 설교가

186

인생의 승패는 좋은 카드를 잡는 데
있는 것이 아니라 손에 쥐고 있는 카드를
어떻게 쓰느냐에 달렸다.

토머스 머튼 _미국의 로마 가톨릭 신부, 작가

187

남의 말을 경청하는 사람은
어디서나 사랑 받을 뿐 아니라
시간이 흐르면 지식을 얻게 된다.

윌슨 미즈너 _미국의 극작가

188

현명한 사람이 두려워하는 것은
자신이 알지 못하는 것을
알고 있다고 착각하는 것이다.

톨스토이 _러시아의 소설가, 사상가

189

위대한 사람은
자신이 배우고 싶은 것을 배우고
평범한 사람은
타인이 배우고 있는 것을 배운다.

조지 에드워드 무어 _영국의 철학자

190

세상에는 단 하나의 마술, 단 하나의 힘,
단 하나의 행복이 있을 뿐이다.
그것은 사랑이라고 불린다.

헤르만 헤세 _독일의 소설가, 시인

191

옛날 사람들은 경솔하게 말하지 않았다.
말과 행동이 일치하지 않으면
양심의 가책을 느꼈기 때문이다.

공자 _중국 춘추 전국시대의 정치가, 교육자, 사상가

192

하늘에는 별이 있고,
땅에는 꽃이 있고,
인간의 가슴에는 사랑이 있다.

요한 볼프강 폰 괴테 _독일의 시인, 소설가, 극작가

193

성공하는 사람들이란 자기가 바라는
환경을 찾아내는 사람들이다.
발견하지 못하면 자기가 만들면 되는 것이다.

조지 버나드 쇼 _아일랜드의 극작가, 소설가, 비평가

194

출발하게 만드는 힘이
'동기' 라면,
계속 나아가게 만드는 힘은
'습관' 이다.

짐 라이언 _미국의 육상선수, 정치인

195

인생을 발전시키는 것은
그가 하고 있는 일이 아니라
그가 하고자 하는 일이다.

로버트 브라우닝 _영국의 시인

196

실수는
성공적인 삶을 위해
반드시 치러야 할 비용이다.

소피아 로렌 _이탈리아의 영화배우

197

누군가 다른 사람에게 성과를
돌릴 마음의 준비가 되어 있다면,
그의 가능성은 무한하다.

로버트 우드러프 _미국의 기업인, 코카콜라 CEO

198

참고 버텨라.
그 고통은 차츰차츰 줄어들어
너에게 좋은 것으로 변할 것이다.

오비디우스 _고대 로마의 시인

199

거장은 기술이 아닌
열정 때문에 위대하다.

마사 그레이엄 _미국의 현대 무용가

200

인생이란 가장 슬픈 날,
가장 행복하게 웃는 용기를 배우는 것.

팀 보울러 _영국의 소설가

2OI

당신은
당신 운명의 건축가이고,
당신 운명의 주인이며,
당신 인생의 운전사다.

브라이언 트레이시 _캐나다의 컨설턴트, 연설가

2O2

진지한 삶은 견디기 힘들다.
그러나 진지함이 유머와 함께할 때
훌륭한 색채를 띤다.

마르셀 뒤샹 _프랑스의 미술가

203

자기의 잘못을 고백하는 것은,
오늘은 어제보다 한층 더
현명하게 되었다는 것을 의미하므로
아무것도 부끄러워 할 필요가 없다.

알렉산더 포프 _영국의 시인, 비평가

204

생각은 극소수 사람처럼
기발하게 하고,
말은 대부분의 사람들처럼
평범하게 하라.

발타자르 그라시안 _스페인의 철학자, 작가

205

세상에서 가장 중요한 일들은
대개 전혀 가망이 없어 보이는 일에도
끝까지 노력을 기울이는 사람에 의해 이루어졌다.

데일 카네기 _미국의 동기부여 강사, 저술가

206

짧게 써라. 그러면 읽힐 것이다.
명료하게 써라. 그러면 이해될 것이다.
그림같이 써라. 그러면 기억 속에 머물 것이다.

조셉 퓰리처 _형가리 태생의 미국 언론인, 신문 경영자

207

독서와 여행은 모두 단순히
새로운 것을 처음 보는 것이 아니라
이미 아는 것에 경이감을 느끼고
그것을 다른 각도에서 바라보게 만들어 준다.

미키 기요시 _일본의 철학자

208

꿈을 밀고 나가는 힘은 이성이 아니라
희망이며 두뇌가 아니라 심장이다.

표도르 도스토예프스키 _러시아의 소설가

209

무엇이 되고자 하는 것이 아니라
누군가가 되고자 결심할 때
걱정은 사라질 것이다.

가브리엘 샤넬 _프랑스의 패션 디자이너

210

인간은 잡을 수 없는 저 하늘의
별을 따려고 노력하지만,
발 아래 꽃 한 송이가 주는
기쁨은 자주 잊어버린다.

제레미 벤담 _영국의 철학자, 법학자

211

행복한 사람은 어떤 특정한 환경 속에
있는 사람이 아니라
어떤 특정한 마음 자세를
갖고 살아가는 사람이다.

휴 다운즈 _미국의 저널리스트, 저술가, 작곡가

212

성숙하다는 것은 다가오는
모든 생생한 위기를 피하지 않고
마주하는 것을 의미한다.

프리츠 쿤켈 _독일 출신의 미국 정신분석의, 심리학자

213

오랫동안 위험을 회피하는 것은
위험에 완전히 노출되는 것보다 안전하지 못하다.
용기와 모험심이 없다면 인생은 아무것도 아니다.

헬렌 켈러 _미국의 작가, 사회사업가

214

꿈이 가리키는 방향으로
열과 성을 다해 노력하면,
어느 날 문득 예기치 않았던
성공과 만나게 될 것이다.

헨리 데이비드 소로 _미국의 사상가, 문학가

215

지식을 구할 때는
날마다 뭔가를 얻으나,
지혜를 구할 때는
날마다 뭔가를 내려놓는다.

노자 _중국 고대의 철학자

216

미소와 웃음은
시간이나 돈이 들지 않으면서도
사업을 발전시킨다.

존 워너메이커 _미국의 사업가

217

행복의 원리는 간단하다.
불만에 속지 않으면 된다.
어떤 불만 때문에 자기를 학대하지만
않는다면 인생은 즐거운 것이다.

버트런드 러셀 _영국의 철학자, 논리학자

218

극복할 장애와 성취할 목표가 없다면
우리는 인생에서 진정한 만족이나
행복을 찾을 수 없다.

맥스웰 몰츠 _미국의 의사, 작가, 심리학자

219

사람은
사랑과 고통에 의해서만 변화된다.

프랜시스 베이컨 _영국의 철학자

220

자신을 사랑하면
모든 것이 제대로 굴러간다.
무언가를 성취하고 싶다면
진실로 자신을 사랑하라.

루실 볼 _미국의 코미디언, 영화배우

221

지혜로운 자는
자신에게 묻고
어리석은 자는
남에게 묻는다.

헨리 아놀드 _미국의 군인

222

인간을 잘 이해하는 방법은
한 가지밖에 없다.
그들을 판단하는 데
결코 서두르지 않는 것이다.

생트 뵈브 _프랑스의 작가, 비평가, 시인

223

삶이란
사랑하는 법을 배우기
위해 주어진
얼마간의 자유 시간이다.

아베 피에르 _프랑스의 가톨릭 성직자

224

많은 것을 열정적으로 사랑하는
사람에게는
인생 그 자체가 천국이다.

레오 버스카글리아 _미국의 교육학자, 저술가

225

걱정은 내일의 슬픔을
덜어 주는 것이 아니라
오늘의 힘을 앗아 간다.

코리 텐 붐 _네덜란드의 기독교 전도사

226

행복은 작은 것,
순간적으로 스치는 소소한 것 안에
조용히 얼굴을 숨기고 있다.

존 F. 슈메이커 _미국의 사회심리학자, 신경정신과 의사

227

만일 최근 몇 년 동안
당신이 어떠한 주장을 버리지도,
새로운 것을 얻지도 않았다면
맥박을 재 보라. 당신은 이미 죽었는지 모른다.

프랭크 G. 버제스 _영국의 작곡가

228

사람들이 꿈을 이루지 못하는
한 가지 이유는 생각을 바꾸지 않고
결과를 바꾸고 싶어 하기 때문이다.

존 맥스웰 _미국의 리더십 전문가, 작가

229

다른 사람이 감히 생각지도 못하고 있을 때
내가 해야 할 말과 해야 할 일들이
나에게 떠오르는 것은
천재성이 아니라 깊은 명상에서 비롯되었다.

나폴레옹 _프랑스의 제1통령, 황제

230

부디 기억하라.
나를 치유하는 것은
나의 지식이 아니라 나의 존재 자체임을.

칼 융 _스위스의 의사, 심리학자

231

참된 한가함이란
우리가 좋아하는 것을 하는 자유이지
아무것도 안 하는 것은 아니다.

조지 버나드 쇼 _아일랜드의 극작가, 소설가, 비평가

232

성공과 실패를 판가름하는 중요한 잣대는
단 세 마디 핑계로 표현될 수 있다.
"난 시간이 없었어."

로버트 J. 헤이스팅스 _미국의 작가

233

모두가 세상을
변화시키려고 생각하지만,
정작 스스로 변하겠다고
생각하는 사람은 없다.

톨스토이 _러시아의 소설가, 사상가

234

늙었든 젊었든 모든 사람이
자신이 잘하는 일을 조금씩 나눌 수 있다면
이보다 더 조화로운 세상은 없을 것이다.

퀸시 존스 _미국의 음악 프로듀서

235

여행은 우리를 겸허하게 만든다.
세상에서 내가 차지하는 부분이
얼마나 작은지 두고두고 깨닫게 하니까.

귀스타브 플로베르 _프랑스의 작가

236

힘은 희망을 가진 사람들에게 주어지고,
용기는 가슴속 의지에서 일어난다.

펄 벅 _미국의 작가, 인권운동가

237

시간을 느긋하게 보내는 것!
그것은 게으름도 아니고 죄도 아니다.
그것은 풍요의 또다른 형태일 뿐이다.

토머스 에디슨 _미국의 과학자, 기업가, 발명가

238

자연의 아름다움을 마음으로
그릴 줄 아는 사람은 인생의 어려움을
견딜 수 있는 힘의 저수지를 갖고 있다.

레이첼 카슨 _미국의 해양생물학자

239

삶에서 보물을 발견하려면
심연 속으로 깊숙이 내려가는 길밖에 없다.
가다가 넘어지면 그곳에 우리가 찾는 보물이 있다.

조지프 캠벨 _미국의 비교 신화학자

240

사람들은 그다지 다르지 않다.
하지만 작은 차이가 큰 차이를 만든다.
그 작은 차이란 바로 태도이다.
그리고 큰 차이란 긍정과 부정을 말한다.

W. 클레멘트 스톤 _미국의 사업가, 자선가, 자기계발서 저술가

241

온전히 하릴없는 오후를 보낼 수 있다면,
살아가는 법을 터득한 것이다.

린위탕 _중국의 소설가, 문명비평가

242

나는 자연 속에서 살 것이다.
자연을 떠난 인간은
소유욕으로 가득 차고,
자신이 원하는 것과는
정반대의 인간이 되고 만다.

빈센트 반 고흐 _네덜란드의 화가

243

단어 하나가
삶의 모든 무게와 고통으로부터
우리를 자유롭게 한다.
그 말은 사랑이다.

소포클레스 _고대 그리스의 극작가, 정치가

244

행복을 즐겨야 할 시간은
지금이다.
행복을 즐겨야 할 장소는
바로 여기다.

로버트 그린 잉거솔 _미국의 정치지도자, 연설가

245

어디에도 존재하지 않고
오직 당신 자신 안에만 있는 것에 충실하라.
그러면 당신은 꼭 필요한 사람이 될 것이다.

앙드레 지드 _프랑스의 소설가, 비평가

246

자신이 해야 할 일을
결정하는 사람은
세상에서 단 한 사람,
오직 자기 자신뿐이다.

오손 웰스 _미국의 영화배우, 감독

247

책을 읽는다는 것은
자신의 미래를 만든다는 것과 같은 뜻이다.

랠프 월도 에머슨 _미국의 시인, 사상가

248

인생에 큰 슬픔이
닥칠 때는 용기를,
작은 슬픔에는
인내심을 가져라.

빅토르 마리 위고 _프랑스의 시인, 소설가, 극작가

249

상황이 달라져도 결코 변하지 않는
내면의 자리에 귀 기울이는 힘이 바로 성실이다.

조나단 오머 맨 _이스라엘 출신 미국의 랍비

250

평생 동안 자신을 향해 오는
공격을 막아 낼 수 있는 유일한 것은
말 없는 양심이다.

에우리피데스 _고대 그리스의 시인

251

우리는 어디에서 태어났는가. 사랑에서.
우리는 무엇으로 자기를 극복하는가. 사랑으로.
우리를 항상 결합시키는 것은 무엇인가. 사랑.

요한 볼프강 폰 괴테 _독일의 시인, 소설가, 극작가

252

"아직은 때가 아니야." 그다음에는
"이미 너무 늦었어." 라고 말하다 보면
인생 최고의 시간이 다 지나간다.

귀스타브 플로베르 _프랑스의 작가

253

지성은
하나의 눈을 가지고 있으나,
사랑은
천 개의 눈을 가지고 있다.

토머스 아퀴나스 _이탈리아의 로마 가톨릭 신학자, 철학자

254

슬픔의 끝이 슬픔일 수는 없다.
잃어버린 것에 슬퍼하며 울고 난 뒤에는
아직 남아 있는 것에 감사할 줄 알아야 한다.

모리스 모리 슈워츠 _미국의 사회학자

255

마음이 상한 것,
그것이 바로 사람을
위대하게 만드는 계기가 된다.

에드워드 엘가 _영국의 작곡가

256

한 손으로 손을 씻으려고 하면
힘만 들고 효과가 없지만
한 손으로 다른 손을 씻을 때는
제대로 손을 씻을 수 있다.

마야 안젤루 _미국의 시인, 작가

A good character deserves more praise
than an outstanding talent.
The most talent is given by nature.
On the other hand, a character isn't given.
A good character is to build thinking, choice,
courage and decision up one by one.
_ John Rutter

257

좋은 인격은 탁월한 재능보다 칭송받을 만하다.
대부분의 재능은 선천적으로 주어진다.
반면 인격은 주어지는 것이 아니다.
좋은 인격은 생각과 선택과 용기와 결단을
하나하나 쌓아 가는 것이다.

존 루터 _영국의 작곡가

258

친구는 내 안에 존재하는 하나의 세상,
그들이 내게 옴으로써 비로소
존재할 수 있었던 세상을 상징한다.

아나이스 닌 _프랑스 태생의 미국 소설가

259

진정한 아름다움은
지혜처럼 매우 간단하고
누구나 알기 쉬운 것이다.

막심 고리키 _러시아의 작가

260

사람들과 함께 있더라도
홀로 있을 때 깨달은 사실을 잊지 마라.
홀로 있을 때는 사람들과 사귀면서
깨달은 사실을 곰곰이 생각하라.

톨스토이 _러시아의 소설가, 사상가

261

끈기를 갖고 일을 하면 쉬워지는데,
이는 일 자체가 쉬워져서가 아니라
우리의 능력이 향상됐기 때문이다.

랠프 월도 에머슨 _미국의 시인, 사상가

262

행복은 명사도, 동사도 아닌 접속사다.
다시 말해 행복은 어떤 물건이나
행복이 아닌 사람과 사람 사이, 관계 속에 있다.

에릭 와이너 _미국의 칼럼니스트, 작가

263

고통의 한복판에서
생에 몰입하는 것이
고통을 통과하는 길임을 배웠다.

헨리 나우웬 _네덜란드 출신의 미국 로마 가톨릭 신부, 작가

264

믿음은 불신에서,
사랑은 미움에서 멀리 있지 않다.
희망은 의심에서 조금 떨어진 곳에,
기쁨은 항상 눈물 곁에 있다.

스태니슬라우스 케네디 _아일랜드의 가톨릭 수녀, 작가

265

'해 주었다.' 가 아니다.
저 사람을 위하여 그 일을 '해 주었다.' 라는
생각이 들면 스스로에게 이렇게 말해 보자.
'내가 그 일을 할 수 있어 기뻤다.' 라고.

스즈키 히데코 _일본의 로마 가톨릭 수녀

266

우리는 두 발처럼 두 손처럼
양 눈꺼풀처럼 아래턱과 위턱처럼
서로 도우며 살도록 만들어졌다.
사람들은 자신이 갖지 못한 것을
보완하기 위해 서로를 필요로 한다.

마르쿠스 아우렐리우스 _로마 제국의 제16대 황제, 철학자

267

슬픔을 체험하는 것은
우리 안에 있는 새로운 삶의
가능성이 깨어나기 위한 조건이고,
우리가 내면의 자원들과
접촉하게 되는 조건이다.

안젤름 그륀 _독일의 로마 가톨릭 신부, 신학박사, 영성작가

268

행복한 사람이 되려면 평범함 속에서
로맨스를 찾는 맑은 눈을,
어린이의 순수한 마음과
단순한 정신을 갖는 것이 중요하다.

노먼 빈센트 필 _미국의 목사, 저술가, 연설가

269

자신이 공들이고 견뎌 낸 모든 것을
기억하는 사람에게는 슬픔조차도
오랜 시간이 지나면 기쁨이 된다.

호메로스 _고대 그리스의 작가

270

두려움은 용기를 빼앗고, 신념은 용기를 준다.
두려움은 병을 주고, 신념은 약을 준다.
두려움은 무용지물로 만들고,
신념은 쓸모 있는 것으로 만든다.

해리 에머슨 포스딕 _미국의 성직자

271

인격은 편안하고 고요한 환경에서
성장하지 않는다.
시행착오와 고통을 통해서만
영혼이 강해지고 패기가 생기며 성공할 수 있다.

헬렌 켈러 _미국의 작가, 사회사업가

272

시인의 시가 슬프고 절망을 드러냈다고 해서
그의 인생이 슬플 것이라고 판단하지 말라.
서러움을 글에 담을 수 있기 때문에
그는 자유로워지는 것이다.

랠프 월도 에머슨 _미국의 시인, 사상가

273

당신에게 자신감을 주는 것,
당신에게 용기를 주는 것이 사랑이다.

토마스 M. 맥나이트 _미국의 인간관계 전문가, 연애 카운슬러

274

인생은 한 권의 책과 같다.
어리석은 사람은 대충 책장을 넘기지만,
현명한 사람은 공들여서 읽는다.
그들은 단 한 번밖에
읽지 못하는 것을 알기 때문이다.

장 파울 _독일의 소설가

275

참을성이 적은 사람은 그만큼 삶에 약한 사람이다.
겨울을 참고 기다린 나무가 봄에 새순을 틔우듯
참고 기다리는 힘이 없으면 광명을 얻기 힘들다.

버트런드 러셀 _영국의 철학자, 논리학자

276

모든 것이 끝났다고
여겨지는 순간이 있기 마련이다.
그때가 곧 시작이다.

루이 라무르 _미국의 작가

277

내가 행복하고,
남도 행복하게 하는 것.
이것이 사랑의 리듬이다.

니사르가닷따 마하라지 _인도의 힌두교 성자

278

인간의 진짜 주소는
집이 아니라 길이다.
그리고 인생은 그 자체가 여행이다.

브루스 채트윈 _영국의 작가

279

진정한 사랑은 그 사람을 통해
모든 사람을 사랑하고,
그 사람을 통해 나 자신도 사랑한다.

카를 구츠코브 _독일의 작가

280

정말로 중요한 것은 마음과 마음의 교류다.
우리가 내일 당장 헤어지더라도
최선을 다해 보낸 오늘을 기억하고
서로를 잊지 않을 수만 있다면 말이다.

고든 왓슨 _미국의 기업인

281

올바른 것을 찾기 전에
한참을 기다려야 할지라도,
설사 몇 번의 시도를 할지라도,
용기만은 잃지 마라.
실망을 맞아들일 준비는 하되,
원하는 것을 포기하진 마라.

알베르트 슈바이처 _독일의 신학자, 의사, 음악가

282

인생 최고의 황금기는
자기의 문제를 스스로 결정할 때이다.
당신의 문제를 남의 탓으로 돌리지 마라.
당신은 자신의 운명을
통제하고 있다는 것을 알아야 한다.

스티브 구디어 _미국의 자기계발 전문가, 작가

283

매사에는 양면이 있다. 가장 좋고 유리한 것도
그 칼날 쪽을 붙들면 고통이 되고,
반대로 불리한 것이라도
그 손잡이를 잡으면 방패가 된다.

발타사르 그라시안 _스페인의 철학자, 작가

284

자기를 잃어버리지 말라.
자기의 본질에서 벗어나지만 않는다면
다른 건 다 잃어도 좋다.

요한 볼프강 폰 괴테 _독일의 시인, 소설가, 극작가

285

남을 받아들이고, 세상을 받아들여라.
그러면 당신은 모든 것이 사랑으로
가득 찼다는 걸 곧 깨닫게 될 것이다.

바바 하리 다스 _인도의 성자

286

행복은
포도주 한 잔, 밤 한 알, 허름한 화덕,
바다 소리처럼 참으로 단순하고 소박한 것이라는
생각이 들었다. 필요한 건 그것뿐이었다.

니코스 카잔차키스 _그리스의 소설가, 시인

Don't judge each day by the harvest you reap,
but by the seeds that you plant.
_Robert Louis Stevenson

287

수확이 아니라
심은 씨앗으로 하루를 평가하라.

로버트 루이스 스티븐슨 _영국의 소설가, 시인

Don't bother just to be better
than your contemporaries or predecessors.
_William Faulkner

288

남보다 더 잘 하려고 고민하지 말라.
'지금의 나' 보다 잘하려고
애쓰는 게 더 중요하다.

윌리엄 포크너 _미국의 작가

If people treat parts of living with open mind,
they will realize what they couldn't hold is
actually not what they desperately wanted.
_Andre Maurois

289

사람들이 살면서 겪는 일들을
보다 열린 마음으로 대한다면,
잡을 수 없던 많은 것들이
사실은 자신이 간절히 원했던 것이
아님을 깨닫게 될 것이다.

Every life has its dark and cheerful hours.
Happiness comes from choosing which to remember.
_William Shakespeare

290

기쁠 때도 있고 슬플 때도 있다.
그중에 무엇을 기억하느냐에 따라
행복한 사람이 될 수도 있고
불행한 사람이 될 수도 있다.

윌리엄 셰익스피어 _영국의 극작가, 시인

A lonely man is like an astronomer;
his eyes are filled with the stars.
He is not alone.
_Pierre Bonnard

291

고독한 인간은 천문학자와 같아서
눈이 별로 가득 차 있다.
그는 혼자가 아니다.

피에르 보나르 _프랑스의 화가

A man doesn't expose himself, so his existence appears brightly;
a man doesn't think he is right, so his rightness is exposed;
a man isn't proud of himself,
so his name remains on other's memory for a long time.
_Lao-tzu

292

스스로 드러내지 않는 까닭에 오히려
그 존재가 밝게 나타나며,
스스로를 옳다고 여기지 않는 까닭에
그 옳음이 드러나며,
스스로 자랑하지 않는 까닭에
오히려 그 이름이 오래 기억된다.

노자 _중국 고대의 철학자

All that problems arise
because you don't try to face yourself.
_Franz Kafka

293

모든 문제는 자신과 단둘이
마주하려고 하지 않기 때문에 발생한다.

프란츠 카프카 _독일의 소설가

Pain is like a plow; one side hurts man's feelings,
but the other side cultivates a life.
_Romain Rolland

294

고통은 쟁기와 같이 한쪽으로는
사람의 마음을 아프게 하지만,
나머지 한쪽으로는 생명을 일군다.

로맹 롤랑 _프랑스의 소설가, 극작가, 수필가

We cannot control length of life,
but we can control everything about wideness and depth of life.
_Henry Louis Mencken

295

인생의 길이는 어떻게 할 수 없지만,
넓이와 깊이에 관해서는 무엇이든 할 수 있다.

헨리 루이스 멩켄 _미국의 저널리스트, 문예비평가

296

지식은 도서관에서 잠을 자고 있지만,
지혜는 도처에서 눈을 크게 뜨고
우리를 기다리고 있다.

조쉬 빌링스 _미국의 작가

From the beginning of time,
about one hundred billion people have been going around planet,
the Earth.
The number of the stars in the Galaxy is about one hundred billion.
Each of them has a his own star in this space.
_Arthur C. Clarke

297

태초부터 약 일천억 명의
사람들이 지구라는 행성을 누볐다.
은하수에 존재하는 별의 숫자도 약 일천억 개다.
사람은 각각 이 우주 안에
자기만의 별을 하나씩 갖고 있다.

아서 C. 클라크 _영국의 SF작가, 미래학자

298

인간의 가치는 얼마나
사랑 받았느냐가 아니라
얼마나 사람들에게
사랑을 주었느냐에 달려 있다.

에픽테토스 _고대 그리스 로마의 철학자

To hit a home run is not luck.
Homerun is made by preparation.
_Roger Maris

299

홈런은 운으로 치지 않는다.
준비로 칠 뿐이다.

로저 매리스 _미국의 야구선수

If you have great talents, industry will improve them;
if you have but moderate abilities, industry will supply their
deficiency.
_ Joshua Reynolds

300

당신이 위대한 재능을 가졌다면
근면은 그것을 한층 더 빛내 줄 것이다.
만약 당신이 보통의 재능밖에 없다면
근면은 그 부족함을 보충해 줄 것이다.

조슈아 레이놀즈 _영국의 예술가, 화가

Even the smallest thing, if you don't make it, you cannot gain it.
Even brightness, if you don't learn, you cannot realize.
Without effort and learning, you cannot brighten your life.
_Chuang-tzu

301

아무리 작은 것도 이를
만들지 않으면 얻을 수 없고,
아무리 총명하더라도
배우지 않으면 깨닫지 못한다.
노력과 배움 없이는 인생을 밝힐 수 없다.

장자 _중국 춘추 전국시대의 사상가

We realize many things after we make mistakes.
We make a map of life with this enlightenments.
After all, life is process that we modify a map in our head to match
the realities having our feet.
_Gordon Livingston

302

우리는 많은 것을 시행착오를 겪은 뒤에야 깨닫는다.
이 깨달음이 모여 인생의 지도를 만들어 나간다.
결국 인생이란 지금 발을 딛고 있는 현실에 맞게
머릿속의 지도를 수정해 나가는 과정이다.

고든 리빙스턴 _미국의 심리상담가, 정신분석의, 작가

'You are wrong and I am right.'
This is the most cruel words of the words that a person can tell other
person.
_Tolstoy

303

'너는 그르고 나는 옳다.' 고 말하는 것은
사람이 사람에게 할 수 있는 말 중에서
가장 잔인한 말이다.

304

칭찬에 흔들리지 않는 사람도
자기의 이야기를 열심히 들어 주는
사람에게는 마음이 흔들린다.

잭 우드포드 _미국의 작가

We cannot success by faith in our head alone.
Faith has to be able to feel hotly, feel confident and control our
dream.
_Bertrand Russell

305

머리에서 나온 신념만으로는 성공할 수 없다.
신념은 뜨겁게 느끼고 확신하며
꿈까지 지배할 수 있어야 한다.

버트런드 러셀 _영국의 철학자, 논리학자

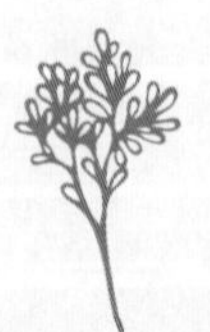

306

"나는 날마다 모든 면에서 점점 나아지고 있다."
한동안 이 말을 믿고 지내 보라.
그러면 진짜 그렇게 되는 경험을 할 것이다.

마크 앨런 _미국의 출판 편집인

The love of my youth will be my teacher,
a consolation in my mid-life and a joy in my old age.
_Tachibana Takashi

307

젊은 시절의 사랑은 나의 선생이 될 것이고
중년에는 나의 위안이,
노년에는 나의 기쁨이 될 것이다.

다치바나 다카시 _일본의 언론인

The reason why the past is better than now is,
it has more something.
That is a memory.
_Peter Bichsel

308

옛날이 지금보다 나은 이유는
뭔가 하나 더 있기 때문이다.
'추억' 이라는 것.

피터 빅셀 _스위스의 작가, 평론가, 칼럼니스트

If you want to find the true way of life, you have to journey twice.
First time is losing yourself.
Second time is finding yourself.
_Stuart Avery Gold

309

진정한 삶의 길을 찾으려면 두 번 여행해야 한다.
첫 번째 여행은 나 자신을 잃는 것이고,
두 번째 여행은 나 자신을 발견하는 일이다.

스튜어트 에이버리 골드 _미국의 기업가, 작가

310

인간사에는 안정된 것이
하나도 없음을 기억하라.
그러므로 성공에 들뜨거나
역경에 지나치게 의기소침하지 마라.

소크라테스 _고대 그리스의 철학자

3II

사람들이 대개 기회를 놓치는 이유는
기회가 작업복 차림의 일꾼 같아
일로 보이기 때문이다.

토머스 에디슨 _미국의 과학자, 기업가, 발명가

Everyone has seed of greatness in them.
Showing faith in them is like that gives water,
warmth and light of life to them.
_ John Maxwell

312

누구나 자기 안에
위대함의 씨앗을 품고 있다.
누군가 한 번 믿어 줄 때마다 그 씨앗에
생명의 물, 온기, 빛을 주는 것이다.

존 맥스웰 _미국의 리더십 전문가, 작가

There is an unchanged rule.
When we are deeply hurt, there is no healing unless we forgive them.
_Alan S. Paton

313

한 가지 변함없는 법칙이 있다.
우리가 깊은 상처를 입었을 때,
용서하지 않는 한 어떤 치유도 없다는 것이다.

앨런 S. 페이턴 _남아프리카공화국의 소설가

314

빛을 퍼뜨리는 데는 두 가지 방법이 있다.
하나는 양초가 되는 것이고,
또 하나는 빛을 반사하는 거울이 되는 것이다.

이디스 워튼 _미국의 소설가, 디자이너

It isn't difficult to follow the life of Jesus;
you can tap into a friend who is alone at lunch time,
or you can think about what can you do for depressed friend, walking
with him.
_Pope John Paul II

315

예수의 삶을 따라 사는 법은 어렵지 않다.
점심시간에 우두커니 혼자 있는 친구에게 다가가거나,
의기소침한 친구와 걸으면서 무엇을 도와줄까
생각하면 된다.

요한 바오로 2세 _로마의 교황

Become a circle nail in a square hole
than becoming a square nail in a square hole.
The world is already decided, but life allows of alteration.
_Elbert Hubbard

316

네모난 구멍의 네모난 못이 되기보다는
네모난 구멍의 동그란 못이 되어라.
세상은 이미 결정된 것이지만
삶은 아직 변화의 여지가 남아 있다.

엘버트 허버드 _미국의 작가, 출판편집인, 철학자

All things must pass.
Even when I am flushed with success,
even when I am bound by poverty.
In any case all things must pass.
Why are you full of worries?
_Honore de Balzac

317

세상일은 다 지나가게 마련이다.
내가 성공에 우쭐거릴 때도,
가난에 얽매여 있을 때도,
그렇게 모든 게 지나가고 말진대,
어찌 오늘 근심에 싸여 있을까.

오노레 드 발자크 _프랑스의 소설가

318

가난은 우리가 장작 살 돈이 떨어지면
어떻게 될까를 궁금해 한다.
다시 말해 자신감을 빼앗긴 상태,
그것이 가난이다.

펠레 _브라질의 축구선수

There is no medicine like hope, no incentive so great,
and no tonic so powerful
as expectation of something better tomorrow.
_Orison Swett Marden

319

희망과 같은 약은 없다.
그 어떤 보상이나 보약도 더 나은 내일에 대한
기대처럼 강력하지는 않다.

오리슨 스웨트 마든 _미국의 작가

Some day a person who will learn a way to fly,
above all, has to learn ways to stand, walk, run, climb and dance.
Nobody can fly instantly.
_Immanuel Kant

320

언젠가 나는 것을 배우려는 사람은
우선 서고, 걷고, 달리고,
오르고, 춤추는 것을 배워야 한다.
아무도 곧바로 날 수는 없다.

임마누엘 칸트 _독일의 철학자

There are admirable potentialities in every human being.
Believe in your strength and your youth.
Learn to repeat endlessly to yourself, "it all depends on me."
_Andre Gide

321

누구나 놀라운 잠재력을 갖고 있다.
자신의 능력과 젊음을 믿어라.
그리고 끊임없이 자신에게 말하라.
"모두 다 내 하기 나름이야!" 라고.

앙드레 지드 _프랑스의 소설가, 비평가

322

우리가 무엇인가를 하고 싶어 한다는 것은
우리에게 그 일을 할 능력이 있다는 뜻이다.

리처드 바크 _미국의 비행사, 소설가

A larva says that the world is over,
but a butterfly says that the world begins now.
_Lao-tzu

323

애벌레는 세상 끝이라고 말하지만
나비에게는 이제부터 시작이다.

노자 _중국 고대의 철학자

We sometimes throw off precious memory, friend,
knowledge and faith of childhood.
Forgetting that it has been power of our life.
_Brooke Foss Westcott

324

때로 우리는 너무나도 쉽게
어린 시절의 소중했던 기억, 친구,
지식, 신념 등을 벗어 던진다.
그것이 살아온 힘이었다는 걸
망각한 채 말이다.

브룩 포스 웨스트콧 _영국의 주교, 성서학자, 신학자

Don't produce one's happiness on other's misfortune.
Truth is told through warm temperature and happiness requires the
truth.
_John Ruskin

325

남의 불행 위에 자기의 행복을 만들지 마라.
진실은 따스한 체온을 통해 전해지고,
행복은 진실을 요구한다.

존 러스킨 _영국의 미술 평론가, 사회사상가

‘It's over.’ ‘It's already late.’, ‘Goodbye forever.’
These are nicknames of ‘excuse’.
_Dant Gabriel Rossetti

326

이제 끝이다, 이미 늦었다,
영원히 안녕이다,
이것들은 ‘변명’ 의 별명이다.

단테 가브리엘 로세티 _영국의 화가, 시인

Improvisation is never made extemporaneously.
After the years of man's effort, spirit is made not without effort.
_Antoni Gaudi

327

즉흥곡은 결코 즉흥적으로 만들어진 작품이 아니다.
영감은 노력하지 않고도 나오는 것이 아니라
힘겨운 노력 끝에 생성되기 때문이다.

안토니 가우디 _스페인의 건축가

Just live like a tree.
Like a tree that roots alone,
puts out branches alone and drops leaves in due time.
Like a tree that doesn't yell and expose
because nobody recognizes it and grows inner side.
_Lu Xun

328

나무처럼만 살자.
제 홀로 뿌리 내리고 제 홀로 가지 뻗고,
때 되면 잎새 떨구는 나무처럼.
알아볼 자 없다고 악쓰거나 티 내지 않은 채
안으로 속살을 키워 내는 나무처럼.

노신 _중국의 문학자, 사상가

Regret about what you did will be forgotten with time.
But regret about what you didn't will not can be comforted.
_Sydney J. Harris

329

과거에 했던 일에 대한 후회는
시간이 지나면 잊힐 수 있다.
하지만 하지 않은 일에 대한 후회는
위안받을 길이 없다.

시드니 J. 해리스 _미국의 저널리스트

If you more often remember the fact
that you cannot turn back past time and correct the mistakes again,
you can feel more happiness this moment.
_Tolstoy

330

흘러간 시간을 되돌릴 수 없고
실수를 다시 바로잡을 수 없다는 사실을
더 자주 기억하면
지금 이 순간 더 큰 행복을 느낄 수 있다.

톨스토이 _러시아의 소설가, 사상가

It is the simple things that give a pleasure to us.
Because they are close to truth.
_Edward Bach

331

정말 즐거움을 주는 것은 소박한 것들이다.
소박한 것들은 위대한
진리에 다가가 있기 때문이다.

에드워드 바흐 _영국의 의사, 대체의학 치료사

To know how to suffer is
that you have lived the middle-mile post of life.
To know how to endure suffering is
that you have lived the perfect life.
_Hermann Hesse

332

괴로워할 줄 아는 것은
인생을 반 이상 살았다는 것이다.
괴로움을 잘 참을 줄 안다는 것은
완전한 삶을 살았다는 것이다.

헤르만 헤세 _독일의 소설가, 시인

333

자기 자신을 있는 그대로
사랑하고 받아들이며 인정할 때,
모든 일이 잘 풀린다.

루이스 L. 헤이 _미국의 동기부여 작가

This is the chance.
If you want to tell somebody that you love him,
don't do tomorrow.
_Leo Buscaglia

334

지금이 바로 기회입니다.
누구에겐가 사랑한다는 말을 하고 싶다면
내일로 미루지 마십시오.

레오 버스카글리아 _미국의 교육학자, 저술가

It is better to travel hopefully than to arrive,
and the true success is to labour.
_Robert Louis Stevenson

335

희망을 품고 여행을 하는 편이
도착해 버리는 것보다 낫다.
참 성공이란 목적을 향하여
노력하는 것에 있다.

로버트 루이스 스티븐슨 _영국의 소설가, 시인

The largest bankruptcy is to lose enthusiasm.
Although you lose everything, don't lose enthusiasm.
Then you can get back up again.
_Henry Arnold

336

가장 큰 파산은 열정을 잃어버린 것이다.
모든 것을 다 잃어도 열정만은 잃지 마라.
그러면 언제든 다시 일어설 수 있다.

헨리 아놀드 _미국의 육군 항공대 총사령관

Although you make poor work of it,
there is the true value in just trying it.
_Gilbert Keith Chesterton

337

비록 일을 서툴게 할지라도,
그 일을 일단 시도하는 데에
진정한 가치가 있다.

길버트 키스 체스터턴 _영국의 언론인, 소설가

Once again holding hands of person who is by my side is more
valuable than running at full speed to achieve something.
_Yu Juan

338

뭔가를 이루기 위해
전속력으로 달리는 것보다,
곁에 있는 이의 손을 한 번 더
잡는 것이 훨씬 값진 일이다.

위지안 _중국의 교수, 작가

The more you love, the more lovely you become.
Love produces kindness, draws respect,
makes us have a positive attitude
and gives us joy, peace, beauty and harmony.
_Stanislaus Kennedy

339

사랑할수록 더욱 사랑스러운 사람이 된다.
사랑은 친절을 낳고, 존경을 끌어내며,
긍정적인 태도를 갖게 만들 뿐 아니라
기쁨, 평화, 아름다움, 조화를 가져다 준다.

스태니슬라우스 케네디 _아일랜드의 가톨릭 수녀, 작가

When you just accept new things, your life develops.
Be a learner forever.
Dont' close the door of your mind and always leave your mind open.
_Rajneesh Chandra Mohan Jain

340

삶은 새로운 것을 받아들일 때만 발전한다.
결코 아는 자가 되지 말고
언제까지나 배우는 자가 돼라.
마음의 문을 닫지 말고 항상 열어 두도록 하라.

오쇼 라즈니쉬 _인도의 교수, 강연가

341

사람의 행복이란
서로 그리워하는 것,
서로 마주 보는 것,
그리고 서로 자신을 주는 것이다.

카를 힐티 _스위스의 사상가, 법률가

There are one or two people who join me among many people.
That's enough.
One trap door is enough to breath.
_Romain Rolland

342

무수한 사람들 가운데는 나와 뜻을
같이할 사람이 한둘은 있을 것이다.
그것으로 충분하다.
숨 쉬는 데는 들창문 하나로도 족하다.

로맹 롤랑 _프랑스의 소설가, 극작가, 수필가

Future is as open as we released.
Say goodbye to habit and all we trust several times a day.
_Anselm Grun

343

과거를 놓아 준 만큼 미래가 열린다.
습관과 우리가 신뢰하는 모든 것과
하루에 몇 번씩이라도 이별을 고하라.

안젤름 그륀 _독일의 가톨릭 신부, 신학박사, 영성작가

Everything we love deeply eventually becomes a part of ourselves.
_Helen Keller

344

우리가 깊이 사랑하는 모든 것들은
언젠가 마침내 우리 자신의 한 부분이 된다.

헬렌 켈러 _미국의 작가, 사회사업가

If you light a lamp to light someone's way,
eventually that is to light your way.
_Ben Sweetland

345

다른 누군가의 길을
밝혀 주기 위해 등불을 켜면
결국 자신의 길도 밝힐 수 있다.

벤 스위트랜드 _미국의 사회학자, 감성컨설턴트

346

당신은
사랑할 줄 아는 가슴만 있으면 된다.
영혼은 사랑으로 성장하는 것이니까.

마틴 루터 킹 _미국의 침례교회 목사, 흑인해방운동가

Understanding is made by looking deeply.
If we can comfort those in pain, understanding is made by that.
_Brian Pearce

347

이해는 깊이 바라보는 과정에서 생긴다.
우리가 다른 사람의 고통을 어루만질 수 있다면,
이해는 거기에서 생겨난다.

브라이언 피어스 _로마의 가톨릭 신부

Growing old is like a climbing.
The higher you climb, the wider your sight is
even though you are out of breath.
_Ingmar Bergman

348

나이 든다는 것은 마치 등산과 같아서
높이 올라가면 올라갈수록
숨이 가빠지지만 그만큼 시야가 넓어진다.

잉마르 베리만 _스웨덴의 영화감독, 영화 아티스트

Live in a person with a warm heart.
If your heart isn't warm,
you cannot know the warmth of a person.
_Yosikawa Eizi

349

따뜻한 마음으로 사람 안에 살아라.
사람의 따뜻함이란 자신의 마음이
따뜻하지 않고서는 알 도리가 없다.

요시카와 에이시 _일본의 소설가

Smile, kind words and some care.
We underestimate the power of these.
But these have the potential to pass the crisis of life.
_Leo Buscaglia

350

미소, 친절한 말, 사소한 보살핌.
우리는 이러한 것들의 위력을 과소평가한다.
하지만 이들은 인생의 고비를
넘어가게 해 줄 만한 잠재력을 갖고 있다.

레오 버스카글리아 _미국의 교육학자, 저술가

The future has many names: For the weak, it means the unattainable.
For the fearful, it means the unknown. For the courageous, it means
opportunity.
_Victor Marie Hugo

351

미래는 많은 이름을 갖고 있다.
약한 자에게는 도달할 수 없는 것이고,
두려워하는 자에게는 알려지지 않는 것이며,
용감한 자에게는 기회이다.

빅토르 마리 위고 _프랑스의 시인, 소설가, 극작가

Happiness comes when we attention to trivial matters;
unhappiness comes when we ignore trivial matters.
_Wilhelm Busch

352

행복은 종종 사소한 일에
관심을 기울일 때 생겨나며,
불행은 종종 사소한 일들을
무시할 때 생겨난다.

빌헬름 부슈 _독일의 시인, 화가, 만화가

The true happiness isn't made by extrinsic factors.
A pond rises from inside.
Likewise, your happiness made by the thinking and feeling of inner.
_William Lyon Phelps

353

진정한 행복은 외적인 존재에 의해
만들어지는 것이 아니다.
연못도 안부터 차오르지 않는가.
이처럼 당신의 행복은 내면의
생각과 감정에 의해 만들어진다.

윌리엄 라이언 펠프스 _미국의 작가, 비평가, 인문학자

To make our short and transitory life liveable.
That is the ability to find power, comfort and warmth
from each other and for each other through freeing
from isolated ourselves and stretching our hand.
_Martha Beck

354

우리의 짧고 덧없는 삶을
살 만한 것으로 만드는 건,
고립된 자신을 벗어나 손을 뻗어
서로에게서 그리고 서로를 위해서
힘과 위안과 온기를 발견하는 능력이다.

마사 베크 _미국의 라이프 컨설턴트, 칼럼니스트

355

좋은 벗은 만들어지는 것이 아니다.
공통된 그 많은 추억,
함께 겪은 그 많은 괴로운 시간,
그 많은 어긋남, 화해, 마음의 격동…….
우정은 이런 것들로 이루어지는 것이다.

생텍쥐페리 _프랑스의 작가, 비행사

To meet the best teacher is like to know
the most beautiful way in the world and to walk slowly the way.
_ James Matthew Barrie

356

최고의 스승을 만난다는 것은
세상에서 가장 아름다운 길을 알고,
그 길을 천천히 걷는 것과 같다.

제임스 매튜 베리 _영국의 극작가, 소설가

Look not mournfully into the past. It comes not back again.
Wisely improve the present. It is thine.
Go forth to meet the shadowy future, without fear.
_Henry Wadsworth Longfellow

357

과거를 애절하게 들여다보지 마라.
다시 오지 않는다.
현재를 현명하게 개선하라. 너의 것이니.
어렴풋한 미래를 나아가 맞으라. 두려움 없이.

헨리 워즈워스 롱펠로 _미국의 시인

Showy jewellery is not the only present. The only present is a part
of me. So a poet presents his poem, a shepherd presents his young
sheep, a painter presents his picture, a farmer presents grain
and a maiden presents handkerchief had sewn by her hand.
_Ralph Waldo Emerson

358

화려한 보석만이 선물은 아니다.
유일한 선물은 나 자신의 한 부분이다.
그래서 시인은 자기 시를, 양치기는 어린 양을,
화가는 그림을, 농부는 곡식을,
그리고 처녀는 자기가 바느질한 손수건을 선물한다.

랠프 월도 에머슨 _미국의 시인, 사상가

Happiness is to learn about existence.
Happiness is made through learning the way
to get along with other people and inviting them to one's life.
_Teresa Prairie

359

행복은 존재에 대하여 배우는 것이다.
다른 사람과 어울리는 법을 배우고
그들을 삶에 초대하는 과정에서 행복이 만들어진다.

테레사 프레이리 _포르투갈의 교수

When you worry about your existence,
you come to realize that you are not all of the world
but a special part to form a whole.
_Tolstoy

360

자신의 존재에 대해 깊이 고민하다 보면
자신이 세상의 전부가 아니라 전체를 이루는
특별한 일부라는 사실을 깨닫게 된다.

톨스토이 _러시아의 소설가, 사상가

When a man look back over his career in the last moments of his life,
the most valuable question is 'How do I love someone?'
_Richard Bach

361

생의 마지막 순간에 이르러
자기가 걸어온 길을 되돌아볼 때,
가장 가치 있는 질문은
'나는 누군가를 얼마나 사랑했는가?' 이다.

리처드 바크 _미국의 소설가

The eyes that don't know tear cannot see the truth;
the heart that didn't suffer pain cannot know a human.
_Schopenhauer

362

눈물을 모르는 눈으로는
진리를 보지 못하며,
아픔을 겪지 아니한 마음으로는
사람을 모른다.

363

지혜로 향하는 첫걸음은
모든 것에 대해 질문하는 것이고
마지막 걸음은
모든 것을 그대로 수용하는 것이다.

리히텐베르크 _독일의 물리학자, 천문학자, 심리학자

I found that the way to happiness is not filling
that ties us up but emptying that frees us.
_Michael Korth

364

나는 행복에 이르는 길이
우리를 얽매는 채움이 아니라
우리를 자유롭게 하는
비움이라는 사실을 깨달았다.

미하엘 코르트 _독일의 작가

Advice is like a silence snow.
The more snowy it is, the longer
it remains and deeper it becomes in mind.
_Carl Hilty

365

충고는 조용히 내리는 눈과 같다.
내리면 내릴수록 마음에
오래 남고 깊어진다.

카를 힐티 _스위스의 사상가, 법률가